Monika und Nicole Helbig

Mehrstrang-ketten – von edel bis romantisch

Einfach glänzend

Kette

Für diese Kette benötigen Sie zehn Stränge. Davon werden auf zwei Stränge je 22 blaue Perlen, auf zwei Stränge je 22 rote Perlen, auf drei Stränge je 33 grüne Perlen und auf drei Stränge je 33 Perlen in Topas aufgefädelt.
Beginnen und beenden Sie jeden Perlenstrang mit je 15 Luftmaschen. Alle Perlen werden einzeln in einer Masche verhäkelt. Als Abstand zwischen den Perlen arbeiten Sie immer fünf Luftmaschen. Wenn alle Stränge fertig gehäkelt sind, verknoten Sie die Enden und fixieren die Endkappen auf den Knoten.

Länge
ca. 40 cm

Material
- Knopflochseide in Schwarz
- 1 Dose Glasschliffperlen in Topas, ø 4 mm
- 1 Dose Glasschliffperlen in Smaragd, ø 4 mm
- 1 Dose Glasschliffperlen in Saphir, ø 6 mm
- 1 Dose Glasschliffperlen in Rubin, ø 6 mm
- Endkappen mit Verschluss in Gold, ø 6 mm
- Häkelnadel, Stärke 1,5
- Sekundenkleber

Größe
ca. ø 2,5 cm

Material (je Ohrring)
- Spiralform aus Draht, ø 20 mm
- Ohrstecker in Gold, ø 11 mm
- 15 Rocailles in Rot, ø 2 mm
- 16 Glasschliffperlen in Rubin, ø 4 mm

Ohrringe

Schieben Sie die Perlen auf die Spiralform aus Draht, zuerst die kleinen Rocailles, anschließend die Glasschliffperlen. Am Ende biegen Sie mit einer Zange eine kleine Öse aus dem Restdraht, damit die Perlen nicht von der Spirale rutschen können, und kleben den Ohrstecker hinter die Spirale.

Fotos: frechverlag GmbH, 70499 Stuttgart;
Fotostudio Ullrich & Co., Renningen

Auflage: 5. 4. 3. 2. 1. | Letzte Zahlen
Jahr: 2006 2005 2004 2003 2002 | maßgebend

frechverlag GmbH, 70499 Stuttgart
Druck: frechdruck GmbH, 70499 Stuttgart

ISBN 3-7724-3056-2 · Best.-Nr. 3056

Liebe Leserinnen,

in diesem Buch zeigen wir Ihnen, wie Sie für sich, Ihre Familie und Ihre Freundinnen wunderschöne Schmuckstücke zaubern können. Wir stellen Ihnen hier vor allem Mehrstrangketten vor. Dazu haben wir für Sie jeweils passende Accessoires, wie Armbänder, Broschen und Ohrringe, entworfen und ausgearbeitet. Die von uns verwendeten Farbbeispiele entsprechen der Mode und sind aufeinander abgestimmt.
Egal, ob Sie eine passende Kette zu Ihrem Freizeit-Look anfertigen wollen oder für Ihr festliches Abendkleid das richtige Schmuckstück suchen, bei den hier gezeigten Modellen werden Sie bestimmt schnell fündig.
Die Drahtketten wirken etwas modern und jugendlich. Doch in Kombination mit den richtigen Steinen fertigen Sie auch aus Draht elegante Schmuckstücke.
Lassen Sie sich von den Farben und der Vielfalt der Perlen inspirieren und wandeln Sie unsere Kreationen nach Ihren Wünschen farbig ab. Ihrer Phantasie sind keine Grenzen gesetzt!
Bei der Ausarbeitung Ihrer Schmuckstücke wünschen wir Ihnen viel Freude und gutes Gelingen!

Ihre *Monika Helbig* und

Nicole Helbig

Material

Perlen und Stiftperlen

Perlen benötigen Sie in verschiedenen Farben, Formen und Arten. Es gibt Metallperlen, Wachsperlen, Holzperlen, Glasperlen, Hawaiiperlen, Muschelperlen und Plastikperlen.
Rocailles haben wir in den Größen ø 2,5 mm oder 2,6 mm und ø 4,5 mm oder 5 mm verwendet. Manche Hersteller bezeichnen die größeren Rocailles auch als Indianerperlen.
Je nach Hersteller variieren die Perlen leicht. Wir nennen in unserem Buch immer nur eine Größe, Sie können aber ähnliche Größen genauso gut verwenden. Bei den Rocailles und Glasstiften bezieht sich die Bezeichnung „Dose" bzw. „Beutel" immer auf eine Menge zwischen 15 Gramm und 17 Gramm.

Klebstoff

Am besten eignet sich Sekundenkleber. Allerdings sollten Sie diesen erst testen, bevor Sie ein fertiges Schmuckstück damit fixieren, weil einige Klebstoffe Perlen, Verschlüsse u. Ä. blind machen können.

Perlennadeln

Diese speziellen Nadeln gibt es in verschiedenen Stärken und Längen. Verwenden Sie möglichst immer die dünnste Stärke, damit Sie mit der Nadel problemlos durch alle Perlen hindurchstechen können. Die Stärke 0,4 mm ist für die Schmuckstücke in diesem Buch optimal. Mit den Perlennadeln fädeln Sie die Perlen für die Mehrstrangketten auf, wenn diese mit Garn und nicht mit Draht gearbeitet werden.

Häkelnadeln

Sie benötigen diese zur Herstellung der Mehrstrangketten und Armbänder.
Für die Mehrstrangketten aus Garn verwenden Sie am besten Häkelnadeln der Stärke 0,75 bis 1,5. Für die Ketten aus

Draht nehmen Sie am besten Nadeln, die zwischen der Stärke 1,5 und 3 liegen. Denken Sie bitte daran, dass die einzelnen Maschen größer bzw. gröber werden, je dicker die Nadel ist.

Garn

Für die Ausarbeitung der Häkelarbeiten verwenden Sie entweder Knopflochseide, die auf Rollen erhältlich und aus 100 % Polyester ist, oder reine Juwelierseide. Die Juwelierseide ist aus 100 % Seide und sehr angenehm zu tragen und zu verarbeiten. Die Garne sind jeweils auf Rollen und in verschiedenen Farben im Fachhandel erhältlich.

Schmuckaccessoires

Zur Herstellung des Modeschmucks brauchen Sie Schmuckverschlüsse in verschiedenen Formen und Größen. Gegebenenfalls benötigen Sie zur Ausarbeitung noch Ohrhaken, Ohrstecker und Broschennadeln.

Zange

Eine Kettel- oder eine Spitzzange helfen Ihnen bei der Ausarbeitung Ihrer Schmuckstücke. Diese Zangen brauchen Sie vor allem zum Zusammendrücken der Verschlüsse oder zum Anfertigen der Ohrringe.

Draht

Für die gehäkelten Drahtketten verwenden wir Draht in der Stärke 0,45 mm. Er ist auf Rollen erhältlich. Es gibt ihn in vielen unterschiedlichen Farben, entweder als Kupfer-, Silber- oder Golddraht oder als farbigen Draht in z. B. Rot, Grün, Pink und Blau. Sie können selbstverständlich auch stärkeren Draht verwenden, doch dann werden die Ketten steifer. Sie lassen sich dann nicht so gut tragen und der Draht ist auch schwerer zu verhäkeln.

Anleitung zur Anfertigung der Mehrstrangketten

1.

Fädeln Sie die Perlen der Anleitung nach auf das Garn oder den Draht auf. Schneiden Sie dazu den Draht oder das Garn auf keinen Fall ab.
Bei der hier abgebildeten Kette wurden die Perlen folgendermaßen aufgezogen: fünf weiße Rocailles (ø 2,5 mm), fünf silberne Rocailles (ø 2,5 mm) und eine goldene Rocaille (ø 4,5 mm), jeweils zehnmal im Wechsel.

2.

Schieben Sie die Perlen nun etwas auf dem Faden nach hinten und beginnen Sie am Anfang des Garns mit 20 Luftmaschen. Nachdem die Luftmaschen gehäkelt wurden, nehmen Sie die goldene Perle und häkeln diese in eine Masche mit ein. Anschließend häkeln Sie wieder fünf Luftmaschen als Abstand zwischen die Perlen. In die folgende Masche häkeln Sie fünf silberne Perlen mit hinein. Es folgen erneut fünf Luftmaschen und dann eine Masche mit fünf weißen Perlen. Verfahren Sie in diesem Wechsel bis zum Ende der aufgefädelten Perlen. Enden Sie mit 20 Luftmaschen.

3.

Dann schneiden Sie den Faden ab (lassen Sie bitte 10 cm Rest stehen) und ziehen ihn durch die letzte Luftmasche. Dadurch kann sich der Strang nicht mehr lösen und ist somit fertiggestellt. Diesen Arbeitsgang müssen Sie unbedingt bei allen Strängen beachten, um sie zu festigen.

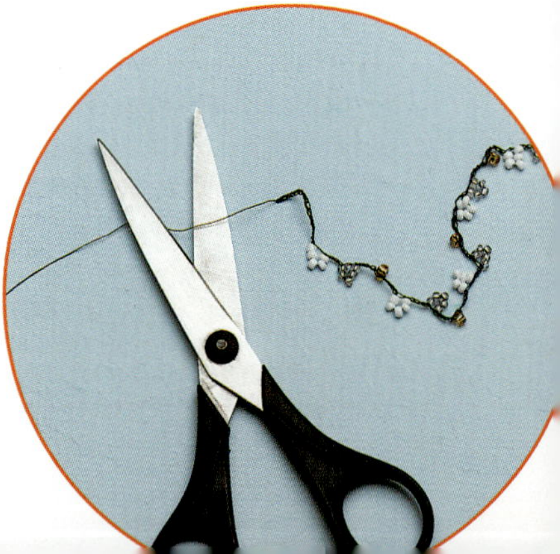

4.

Nachdem alle weiteren Stränge fertig gehäkelt wurden, legen Sie sie nebeneinander und verknoten jeweils die Enden. Schneiden Sie die überstehenden Fäden kurz vor den Knoten ab. Anschließend geben Sie in die Endkappen des Verschlusses etwas Klebstoff (je nach Dicke des Knotens und Größe der Endkappe mehr oder weniger verwenden) und kleben die Knoten in den Endkappen fest. Dazu drücken Sie ihn vorsichtig und fest in die Öffnung. Mithilfe einer Nadel funktioniert das problemlos. Lassen Sie die Kette mindestens 24 Stunden trocknen (je nach Herstellerangabe auf dem Klebstoff), bevor Sie sie tragen.

Tipps & Tricks

- Sie können die Anzahl der Perlen und Luftmaschen in Ihrer Kette natürlich auch abändern.

- Je nachdem, welche Häkelnadelgröße Sie verwenden und ob Sie fest oder locker häkeln, werden die Ketten unterschiedlich lang. Selbstverständlich können Sie auch eine andere Häkelnadelstärke verwenden als in der Materialliste angegeben. Probieren Sie einfach aus, womit Sie am besten zurechtkommen.

- Wenn Sie helles oder weißes Garn verwenden möchten, bedenken Sie bitte, dass dieses sehr schnell verschmutzt. Durch Schweiß und Make-up wird das Garn sehr schnell unansehnlich und die Reinigung der Ketten ist nur schwer möglich.

Schimmerndes Orange

Kette

Alle 16 Stränge sind gleich lang. Fädeln Sie zuerst pro Strang 45 Perlen gemischt auf. Es gibt keine bestimmte Reihenfolge. Beginnen und beenden Sie jeden Strang mit je 10 Luftmaschen. Dann folgen je Strang 45 Luftmaschen, in die jeweils eine einzelne Perle gehäkelt wird. Insgesamt werden somit 65 Maschen gearbeitet.
Zuletzt legen Sie die Stränge nebeneinander und verdrehen die Drahtenden. Dann schieben Sie auf jedes Endstück drei große Perlen. An die jeweils letzten Perlen kleben Sie den Verschluss mit den Endkappen.

Länge

ca. 51 cm

Material

- 1 Rolle Silberdraht, ø 0,35 mm
- 1 Dose Rocailles in Orange-transparent-gefrostet, ø 4 mm
- 1 Dose Rocailles in Orange-matt, ø 4 mm
- 1 Dose Rocailles in Orange mit Silbereinzug, ø 4 mm
- 1 Dose Rocailles in Gelb-Perlmutt, ø 2,6 mm
- 6 Perlen in Weiß, ø 1,2 cm
- Endkappen mit Verschluss in Silber, ø 8 mm
- Häkelnadel, Stärke 2,5
- Sekundenkleber

Länge

ca. 20 cm

Material

- 1 Rolle Silberdraht, ø 0,25 mm
- 1 Dose Rocailles in Orange-matt, ø 4 mm
- 1 Dose Rocailles in Orange mit Silbereinzug, ø 4 mm
- Karabiner-Verschluss in Silber, ø 15 mm
- Häkelnadel, Stärke 2,5

Armband

Das Armband besteht aus fünf Strängen, auf denen je 20 Perlen gemischt, in keiner bestimmten Reihenfolge, aufgefädelt werden. Verhäkeln Sie immer eine Perle in einer Masche. Die fünf Stränge werden zum Schluss nebeneinander gelegt und die Drahtenden verdreht. Dann schieben Sie auf jedes Ende je drei matte Rocailles und formen die Enden zu Ösen. An einer Seite hängen Sie den Verschluss in die Schlaufe ein. Dann gehen Sie mit jedem Drahtende zurück durch die drei Rocailles und verdrehen es nochmals, bevor Sie den Draht abkneifen.

Ein Traum in Blau

Kette

Fädeln Sie die acht Stränge der Kette jeweils wie folgt auf: 75 perlmutt-blaue Rocailles, siebenmal fünf silberne Rocailles und sechsmal eine blaue Würfel-Rocaille im Wechsel, dann wieder 75 perlmutt-blaue Rocailles.
Beginnen und enden Sie jeden Strang mit 20 Luftmaschen. Häkeln Sie die perlmutt-blauen Rocailles immer in Gruppen von fünf Perlen in eine Masche, ebenso die silbernen. Nur die Würfel-Rocailles werden alleine, d. h. jeweils nur eine Perle in eine Masche, verhäkelt. Zwischen die Perlen kommen immer drei Luftmaschen als Abstand. Wenn alle Stränge fertiggestellt sind, werden die Enden verknotet und in den Endkappen fixiert. Ziehen Sie die Spaltringe durch die Ösen der Endkappen und befestigen Sie an einem Spaltring den Verschluss.

Länge

ca. 49 cm

Material

- Knopflochseide in Blau
- 2 Dosen Rocailles in Perlmutt-Blau, ø 2,6 mm
- 1 Dose Rocailles in Silber, ø 2,6 mm
- 1 Dose Würfel-Rocailles in Blau, 4 mm x 4 mm
- 2 Endkappen in Silber, ø 6 mm
- 2 Spaltringe in Silber, ø 9 m
- 1 Karabiner-Verschluss in Silber, ø 1,5 cm
- Häkelnadel, Stärke 1,5
- Sekundenkleber

Größe

2,5 cm x 2,5 cm

Material

- Knopflochseide in Blau
- 10 Würfel-Rocailles in Blau, 4 mm x 4 mm
- 33 Rocailles in Silber, ø 2,6 mm
- 27 Rocailles in Perlmutt-Blau, ø 2,6 mm
- Broschengestell mit Sieb in Silber, 2,5 cm x 2,5 cm
- Sekundenkleber

Brosche

Verknoten Sie das eine Ende der Knopflochseide. Dann ziehen Sie das Garn von unten nach oben durch das Sieb des Broschengestells. Anschließend fädeln Sie die Perlen im Wechsel auf. Im Gegensatz zu den Würfel-Rocailles, die einzeln aufgefädelt werden, werden die Rocailles immer in Dreiergruppen zusammengefasst. Somit fädeln Sie drei silberne Rocailles auf das Garn, gehen durch ein anderes Loch im Sieb und kommen mit dem Faden aus einem benachbarten Loch zurück. Diesen Schritt wiederholen Sie mit den Perlen im Wechsel, bis das Sieb nicht mehr zu sehen ist. Dann verknoten Sie den Faden unter dem Sieb und kleben ihn fest. Mit einer Zange drücken Sie das mit Perlen bestückte Sieb auf dem Broschengestell fest.

Kette

Fädeln Sie alle sechs Stränge wie folgt auf: eine rote Würfel-Rocaille, eine weiße Rocaille und fünf blaue Rocailles im Wechsel. Wiederholen Sie diese Reihenfolge elfmal.
Beginnen und beenden Sie jeden Strang mit 15 Luftmaschen. Zwischen die Perlen häkeln Sie immer fünf Luftmaschen, um den Abstand zwischen den einzelnen Perlen zu erhalten. Die Würfelperlen und die weißen Rocailles werden einzeln, die blauen Rocailles immer zu fünft in eine Masche gehäkelt. Zuletzt verknoten Sie die Enden und fixieren die Endkappen mit dem Verschluss.

Länge

ca. 46 cm

Material

- Knopflochseide in Weiß
- 1 Dose Würfel-Rocailles in Rot, 4 mm x 4 mm
- 1 Dose Rocailles in Weiß, ø 4 mm
- 1 Dose Rocailles in Blautransparent, ø 2,6 mm
- Endkappen mit Verschluss in Silber, ø 4 mm
- Häkelnadel, Stärke 1,5
- Sekundenkleber

Kette mit Sternen

Zur Anfertigung der Kette benötigen Sie vier Perlenstränge.
Jeder Strang besteht nur aus einer Sorte Perlen. Deshalb fädeln Sie jeweils nur eine Sorte Perlen pro Kettenstrang auf. Beginnen und beenden Sie jeden Strang mit 20 Luftmaschen. Als Abstand werden jeweils drei Luftmaschen zwischen die einzelnen Perlen gehäkelt. Wenn alle Stränge fertig sind, werden die Enden verknotet und in den Endkappen fixiert.

Länge

ca. 40 cm

Material

- Knopflochseide in Blau
- 32 Würfel-Rocailles in Blau, 4 mm x 4 mm
- 32 Würfel-Rocailles in Rot, 4 mm x 4 mm
- 32 Rocailles in Weiß, ø 4 mm
- 32 Sternperlen in Silber, ø 5 mm
- Endkappen mit Verschluss in Silber, ø 4 mm
- Häkelnadel, Stärke 1,5
- Sekundenkleber

Brosche

Fädeln Sie die Perlen der Zeichnung nach auf. Beginnen Sie am unteren Ende mit einer weißen Perle. Dann führen Sie den Draht in folgender Reihenfolge durch die Perlen:
Von unten nach oben, beginnend von rechts nach links, in der nächsten Reihe von links nach rechts, in der folgenden Reihe wieder von rechts nach links usw. Beachten Sie dabei

nebenstehende Zeichnung.
Nachdem alle Perlen aufgefädelt wurden, führen Sie den Draht soweit wie möglich durch das fertige Herz zurück. Die überstehenden Drahtenden werden abgeschnitten. Hinter das Herz kleben Sie die Broschennadel.

Größe

ca. ø 2,5 cm

Material

- Silberdraht, ø 0,5 mm, 1 m lang
- 17 Rocailles in Rot, ø 2,6 mm
- 23 Rocailles in Weiß, ø 2,6 mm
- 6 Rocailles in Hellblau, ø 2,6 mm
- Broschennadel in Silber, 1,5 cm lang
- Sekundenkleber

Kette

Für diese Kette benötigen Sie zehn Perlenstränge.
Die Stränge werden wie folgt im Wechsel aufgefädelt: eine Hawaii-Perle, drei Glasstifte, eine smaragdgrüne Rocaille, drei Glasstifte, eine Shelly Bora Perle und drei Glasstifte. Wiederholen Sie diese Reihenfolge pro Strang viermal. Beginnen und beenden Sie jeden Strang mit 25 Luftmaschen. Die großen Perlen werden alle einzeln, die kleinen Glasstifte in Dreiergruppen in eine Masche gehäkelt. Als Abstand zwischen den Perlen oder Perlengruppen immer fünf Luftmaschen arbeiten. Zuletzt verknoten Sie die Strangenden und fixieren den Verschluss mit den Endkappen.

Länge

ca. 42 cm

Material

- Seidengarn in Hellgrün
- 1 Dose Hawaii-Perlen in Hellgrün, ø 6 mm
- 1 Dose Rocailles in Smaragd-Opaque-Frosted, ø 4 mm
- 1 Dose Shelly Bora Perlen (= Perlmuttperlen) in Hellgrün
- 1 Dose Glasstifte in Lindgrün, 2 mm lang
- Endkappen mit Verschluss in Silber, ø 6 mm
- Häkelnadel, Stärke 1,5
- Sekundenkleber

Größe

2,5 cm x 2,5 cm

Material

- Seidengarn in Hellgrün
- 3 Hawaii-Perlen in Hellgrün, ø 6 mm
- 7 Rocailles in Smaragd-Opaque-Frosted, ø 4 mm
- 24 Glasstifte in Lindgrün, 2 mm lang
- 13 Shelly Bora Perlen (= Perlmuttperlen) in Hellgrün
- Broschengestell mit Sieb in Silber, 2,5 cm x 2,5 cm

Brosche

Verknoten Sie das eine Ende der Knopflochseide. Dann ziehen Sie das Garn von unten nach oben durch das Sieb des Broschengestells und fädeln die Perlen auf. Fädeln Sie zuerst vier Glasstifte in Lindgrün auf das Garn, gehen Sie durch ein anderes Loch im Sieb und kommen Sie mit dem Faden aus einem benachbarten Loch zurück. Beim Auffädeln der Perlen gibt es kein vorgegebenes Schema. Allerdings fädeln Sie immer fünf Glasstifte hintereinander auf. Alle anderen Perlen werden einzeln aufgefädelt, bis das Sieb nicht mehr zu sehen ist. Dann verknoten Sie den Faden unter dem Sieb und kleben ihn fest. Mit einer Zange drücken Sie das mit Perlen bestückte Sieb auf dem Broschengestell fest.

Pure Eleganz

Kette

Für diese Kette benötigen Sie vier Perlenstränge. Dazu werden die Perlen pro Strang folgendermaßen aufgefädelt: eine Glasperle in Transparent, zehn schwarze Rocailles und zehn graue Glasstifte. Wiederholen Sie diese Reihenfolge vierzehnmal im Wechsel.
Beginnen und beenden Sie jeden Strang mit 15 Luftmaschen. Als Abstand kommen immer zwei Luftmaschen zwischen die Perlen. Die großen Glasperlen werden einzeln, bei den Rocailles und Glasstiften dagegen immer alle 10 Perlen in eine Masche gehäkelt. Zuletzt verknoten Sie die Strangenden und fixieren den Verschluss mit den Endkappen.
Anschließend fädeln Sie auf die Kettelstifte je vier schwarze Glasperlen und drei graue Glasstifte im Wechsel auf. Danach biegen Sie die Enden der Kettelstifte zu Ösen, hängen jeweils zwei Stifte aneinander und diese wiederum an die Endkappen. Zuletzt befestigen Sie die beiden Spaltringe an den Enden der Stifte sowie einen Verschluss.

Länge

ca. 47 cm

Material

- Knopflochseide in Schwar
- 1 Dose Glasperlen in Transparent, ø 6 mm
- 1 Dose Glasperlen in Schwarz, ø 6 mm
- 1 Dose Rocailles in Schwa ø 2,6 mm
- 1 Dose Glasstifte in Grau, 2 mm lang
- 2 Endkappen in Silber, ø 6 mm
- 2 Spaltringe in Silber, ø 7 mm
- Federring-Verschluss in Silber, ø 9 mm
- 4 Kettelstifte in Silber, 45 mm lang
- Häkelnadel, Stärke 1,5
- Sekundenkleber

Armband

Teilen Sie den Schmuckdraht in drei 50 cm lange Stücke. Die Perlen werden im Wechsel aufgereiht. Dazu nehmen Sie immer eine große und vier kleine Perlen, die Sie als „Schlaufen" auffädeln (siehe nebenstehende Zeichnung). Nun ziehen Sie die Drahtenden der drei Stränge jeweils durch eine schwarze Perle. Legen Sie um die Enden der drei Drähte je einen Verbinder. Geben Sie einen Tropfen Klebstoff in die Verbinder und drücken Sie diese mit einer Zange zusammen.
Dann befestigen Sie die Spaltringe und den Verschluss.

Länge

ca. 21 cm

Material

- Schmuckdraht (nylon coated) in Silber, ø 0,3 mm, 1,5 m lang
- 1 Dose Glasperlen in Schwarz, ø 6 mm

- 1 Dose Glasstifte in Grau, 2 mm lang
- 2 Verbinder für Lederbänder in Silber, ø 1,5 mm
- 2 Spaltringe in Silber, ø 7 mm
- Magnetverschluss in Silber, ø 7 mm
- Sekundenkleber

Romantische Rosen

Kette

Die drei Stränge der Kette werden unterschiedlich aufgefädelt.
1. Strang: 13 Glasschliffperlen, ein Blatt (fünf im Strang) und eine Glasschliffperle (vier im Strang), im Wechsel dann wieder 13 Glasschliffperlen.
2. Strang: 12 Glasschliffperlen, ein Blatt (sieben im Strang) und eine Glasschliffperle (sechs im Strang), im Wechsel dann wieder 12 Glasschliffperlen.
3. Strang: 13 Glasschliffperlen, eine Rose (sechs im Strang) und eine Glasschliffperle (fünf im Strang) im Wechsel. Dann wieder 13 Glasschliffperlen.
Jeden Strang beginnen und beenden Sie mit zehn Luftmaschen. Zwischen jede einzelne Perle häkeln Sie als Abstand immer fünf Luftmaschen.
Die fertigen Stränge verknoten und fixieren Sie in den Endkappen.

Länge

ca. 42 cm

Material

- Knopflochseide in Schwarz
- 2 Dosen (100 Stück) Glasschliffperlen in Onyx, ø 6 mm
- 12 Blätter in Grün, ø 10 mm
- 6 Rosenperlen in Rot, ø 1,5 cm
- Verschluss mit Endkappen in Anthrazit, 4 cm lang
- Häkelnadel, Stärke 1,5
- Sekundenkleber

Größe

ca. ø 11 mm

Material (je Ohrring)

- 1 Rosenperle in Rot, ø 9 mm
- 1 Ohrstecker in Gold, ø 11 mm
- 1 Strass-Rondell in Gold, ø 10 mm
- Sekundenkleber

Ohrringe

Kleben Sie das Strass-Rondell auf die Platte des Ohrsteckers. Lassen Sie den Klebstoff trocknen. Anschließend füllen Sie das Rondell mit Klebstoff und kleben die Rosenperle hinein. Lassen Sie den fertigen Ohrstecker mindestens 24 Stunden trocknen, bevor Sie ihn tragen.

Tipp
Zum Trocknen können Sie den Ohrstecker in eine Mandarine oder ein Stück Steckschwamm stecken.

Kette

Diese Kette besteht aus acht Strängen. Fädeln Sie pro Strang 16 Perlen ohne bestimmte Reihenfolge auf. Lassen Sie an jedem Ende 10 cm Draht überstehen. Beginnen und beenden Sie jeden Strang mit 15 Luftmaschen. Als Abstand werden zwischen jede Perle jeweils fünf Luftmaschen gehäkelt. Sie verhäkeln immer eine Perle in einer Masche.
Anschließend legen Sie die Drähte nebeneinander und verdrehen die Drahtenden an jeder Seite zu einem Stück. Darauf fädeln Sie dann je vier schwarze Rocailles auf. Biegen Sie nun den Draht an beiden Enden zu einer Schlaufe, verdrehen Sie die Enden hinter der Schlaufe miteinander und schieben Sie ihn durch die gerade aufgefädelten Perlen zurück. Denken Sie daran, dass Sie an einer Seite den Verschluss mit einhängen müssen. Verdrehen Sie die restlichen Drähte hinter den Rocailles erneut. Überstehende Drahtenden schneiden Sie ab.

Länge

ca. 60 cm

Material

- 1 Rolle Draht in Schwarz, ø 0,35 mm
- 1 Dose Glasschliffperlen in Onyx, ø 6 mm
- 1 Dose Glasschliffperlen in Topas, ø 6 mm
- 1 Dose Glasschliffperlen in Transparent, ø 4 mm
- 8 Rocailles in Schwarz-frosted, ø 4 mm
- Federring-Verschluss in Gold, ø 9 mm
- Häkelnadel, Stärke 2,5

Größe

ca. ø 2 cm

Material (je Ohrring)

- Draht in Schwarz, ø 0,35 mm
- 10 Glasschliffperlen in Topas, ø 4 mm
- 1 Ohrhaken in Gold
- Häkelnadel, Stärke 1,5

Ohrringe

Ziehen Sie die Perlen auf den Draht. Lassen Sie auf jeder Seite des Drahtes zu Beginn 10 cm Draht überstehen. Häkeln Sie nun jede Perle in eine Masche. Danach verdrehen Sie die beiden Drahtenden zu einer Schlaufe. Vergessen Sie nicht, vorher den Ohrhaken einzuhängen.

Buntes Vergnügen

Kette

Fertigen Sie für diese Kette drei Perlenstränge an. Für jeden Strang fädeln Sie 90 Perlen einer Farbe auf, und zwar in folgender Farbkombination: rotes Garn mit grünen Perlen, blaues Garn mit roten Perlen und grünes Garn mit blauen Perlen. Beginnen und beenden Sie jeden Strang mit je 20 Luftmaschen. Verhäkeln Sie immer drei Tropfen als Gruppe in einer Masche. Als Abstand werden immer fünf Luftmaschen gearbeitet. Sie erhalten somit pro Strang 30 Perlengruppen. Anschließend befestigen Sie den Verschluss mit den Endkappen.

Länge

ca. 42 cm

Material

- Knopflochseide in Rot, Blau und Grün
- 1 Dose Rocaille-Tropfen in Mittelblau, 4 mm x 3 mm
- 1 Dose Rocaille-Tropfen in Rot, 4 mm x 3 mm
- 1 Dose Rocaille-Tropfen in Dunkelgrün, 4 mm x 3 mm
- Endkappen mit Verschluss in Schwarz, ø 4 mm
- Häkelnadel, Stärke 1,5
- Sekundenkleber

Farben des Meeres

Kette

Für diese Kette benötigen Sie drei Stränge. Dazu werden die Perlen wie folgt aufgefädelt: Für einen Strang fädeln Sie 126 Rocailles auf. Diese Rocailles werden immer zu dritt als Gruppe in eine Masche gehäkelt. Sie erhalten somit 42 Perlengruppen. Die anderen zwei Stränge fädeln Sie wie folgt auf: Fünf Rocailles, drei Rocailles, eine Hawaii-Perle und drei Rocailles werden 21 mal im Wechsel aufgefädelt. Häkeln Sie abwechselnd immer fünf Rocailles als Gruppe; dann die drei Rocailles, die Hawaii-Perle beliebiger Farbe und die nächsten drei Rocailles zusammen ebenfalls als Gruppe in eine Masche. Beginnen und beenden Sie jeden Strang mit je 20 Luftmaschen. Als Abstand häkeln Sie zwischen die Perlengruppen immer drei Luftmaschen. Anschließend verknoten Sie die fertigen Stränge und fixieren die Endkappen mit dem Verschluss.

Länge

ca. 43 cm

Material

- Knopflochseide in Blau
- 1 Dose Hawaii-Perlen in Bunt gemischt, ø 6 mm
- 1 Dose Rocailles in Hellblau, 2 mm x 2 mm
- Endkappen mit Verschluss in Silber, ø 4 mm
- Häkelnadel, Stärke 1,5
- Sekundenkleber

Ohrstecker

(Abbildung und Material auf S. 24)

Kleben Sie das Strass-Rondell auf die Platte des Ohrsteckers. Lassen Sie den Klebstoff trocknen, bevor Sie anschließend die Perle in die Mitte des Strass-Rondells kleben.

Größe

ca. ø 9 mm

Material (je Ohrstecker)

- 1 Ohrstecker in Silber, ø 9 mm
- 1 Strass-Rondell in Silber, ø 9 mm
- 1 Hawaii-Perle in Blau, ø 6 mm
- Sekundenkleber

Zartes Erröten

Kette

Für das Anfertigen der Kette benötigen Sie vier Perlenstränge. Diese Stränge werden unterschiedlich aufgefädelt. Zwei Stränge fädeln Sie wie folgt im Wechsel auf: drei Rocailles in Silber, einen Glasstift in Rot und wieder drei Rocailles in Silber. Diese bilden zusammen eine Perlengruppe und werden gemeinsam in eine Masche gehäkelt. Wiederholen Sie die Reihenfolge pro Strang 32 mal.
Die anderen beiden Stränge werden im Wechsel folgendermaßen aufgefädelt: ein Glasstift in Silber, vier Rocailles in Rot und ein Glasstift in Silber. Auch diese bilden wieder eine Perlengruppe und werden zusammen in eine Masche gehäkelt. Wiederholen Sie die Reihenfolge pro Strang 32 mal.
Jeden Strang beginnen und beenden Sie mit 15 Luftmaschen. Als Abstand werden immer drei Luftmaschen zwischen die einzelnen Perlengruppen gehäkelt. Anschließend verknoten Sie die Enden und fixieren den Verschluss mit den Endkappen.

Ohrringe

Fädeln Sie zuerst die drei silbernen Rocailles auf den Draht, dann folgt rechts und links neben diesen Rocailles je ein Glasstift und zuletzt führen Sie die bei-

Länge

ca. 42 cm

Material

- Seidengarn in Rot
- 1 Dose Glasstifte in Rot, 10 mm x 2 mm
- 1 Dose Glasstifte in Silber, 10 mm x 2 mm
- 1 Dose Rocailles in Rot, ø 2,6 mm
- 1 Dose Rocailles in Silber, ø 2,6 mm
- Endkappen mit Verschluss in Silber, ø 4 mm
- Häkelnadel, Stärke 1,5
- Sekundenkleber

den Drahtenden zusammen durch drei rote Rocailles. Das Ende biegen Sie nun zu einer Öse und verdrehen es erneut unterhalb der Schlaufe. Schneiden Sie überstehende Enden ab und befestigen Sie den Ohrring am Ohrhaken.

Größe

ca. 4,5 cm lang

Material (je Ohrring)

- Silberdraht, ø 0,35 mm, 20 cm lang
- 1 Ohrhaken in Silber, 18 mm lang
- 3 Rocailles in Rot, ø 2,6 mm
- 3 Rocailles in Silber, ø 2,6 mm
- 2 Glasstifte in Rot, 10 mm x 2 mm

Kette

Alle acht Stränge werden wie folgt aufgefädelt: eine Glasscheibe in Orange, fünf Rocailles in Blutstein, eine Rocaille in Orange, fünf Rocailles in Orange-Alabaster. Bei sechs Strängen wiederholen Sie diese Reihenfolge achtmal, bei zwei Strängen sechsmal.
Alle Stränge werden mit 15 Luftmaschen begonnen und beendet. Die Glasscheiben und die großen Rocailles in Orange werden einzeln, die kleinen Rocailles in Orange-Alabaster und Blutstein dagegen immer zu fünft in eine Masche gehäkelt. Zwischen den einzelnen Perlengruppen kommen als Abstand immer drei Luftmaschen. Wenn alle Stränge gehäkelt sind, werden die Enden verknotet und in den Endkappen fixiert.

Länge

ca. 42 cm

Material

- Knopflochseide in Schwarz
- 1 Dose Rocailles in Orange-Alabaster, ø 2,6 mm
- 1 Dose Rocailles in Blutstein, ø 2,6 mm
- 1 Dose Rocailles in Orange, ø 4 mm
- 1 Dose Glasscheiben in Orange, ø 6 mm
- Endkappen mit Verschluss in Silber, ø 8 mm
- Häkelnadel, Stärke 1,5
- Sekundenkleber

Länge

ca. 20 cm

Material

- Knopflochseide in Schwarz
- 1 Dose Rocailles in Orange-Alabaster, ø 2,6 mm
- 1 Dose Rocailles in Blutstein, ø 2,6 mm
- 1 Dose Rocailles in Orange, ø 4 mm
- 1 Dose Glasscheiben in Orange, ø 6 mm
- Endkappen mit Verschluss in Silber, ø 4 mm
- Häkelnadel, Stärke 1,5
- Sekundenkleber

Armband

Die fünf Stränge für das Armband werden genauso aufgefädelt wie für die Kette. Die Perlenreihenfolge wird hier jedoch nur viermal wiederholt. Es wird jeweils mit fünf Luftmaschen begonnen und geendet. Die kleinen Rocailles in Orange-Alabaster und Blutstein werden ebenfalls immer zu fünft in eine Masche gehäkelt. Als Abstand zwischen den einzelnen Perlen, die in je eine Masche gehäkelt werden, kommen je drei Luftmaschen.

Es grünt so grün

Länge

ca. 42 cm

Material

- Knopflochseide in Grün
- 1 Dose Hawaii-Perlen in Lindgrün, ø 6 mm
- 1 Dose Rocailles in Lindgrün mit Silbereinzug, ø 2,5 mm
- 1 Dose Glasstifte in Lindgrün, 2 mm x 2 mm
- 1 Beutel Scheibenperlen in Lindgrün, ø 6 mm
- Endkappen mit Verschluss in Silber, ø 4 mm
- Häkelnadel, Stärke 1,5
- Sekundenkleber

Kette

Für die Kette benötigen Sie vier Stränge. Dazu fädeln Sie die Perlen folgendermaßen auf:
Bei zwei Strängen fädeln Sie jeweils 135 Rocailles in Lindgrün auf. Beim Häkeln der Stränge werden immer drei Rocailles in einer Masche verhäkelt. Somit ergeben sich 45 kleine gehäkelte Tropfen pro Strang.
Bei dem dritten Strang fädeln Sie zwei Rocailles, eine Hawaii-Perle und wieder zwei Rocailles 45 mal im Wechsel auf. Diese Perlen werden dann jeweils beim Häkeln als Perlengruppe in einer Masche verhäkelt. Somit ergeben sich 45 kleine Perlenknötchen.
Beim letzten Strang fädeln Sie drei Glasstifte, eine Scheibenperle und wieder drei Glasstifte 41 mal im Wechsel auf. Beim Häkeln dieses Strangs werden diese Perlen als Gruppe in einer Masche verhäkelt. Somit ergeben sich 41 Perlengruppen.
Alle Stränge beginnen und beenden Sie mit je 20 Luftmaschen. Als Abstand zwischen die Perlengruppen häkeln Sie jeweils drei Luftmaschen. Zuletzt verknoten Sie die Enden und fixieren die Endkappen mit dem Verschluss.

Länge

ca. 18 cm

Material

- Knopflochseide in Grün
- 1 Dose Rocailles in Hellgrün mit Silbereinzug, ø 2,5 mm
- Endkappen mit Verschluss in Silber, ø 4 mm
- Häkelnadel, Stärke 1,5
- Sekundenkleber

Armband

Für das Armband benötigen Sie drei Perlenstränge. Auf jeden Strang werden jeweils 54 Rocailles aufgefädelt. Beginnen und beenden Sie jeden Strang mit je 10 Luftmaschen. Beim Verhäkeln der Perlen nehmen Sie immer drei Rocailles in eine Masche. Somit erhalten Sie 18 Perlengruppen pro Strang. Als Abstand werden zwischen jede Perlengruppe drei Luftmaschen gehäkelt. Zuletzt verknoten Sie die Enden und fixieren die Endkappen mit dem Verschluss.

Ton in Ton

Kette

Diese Kette besteht aus 11 Strängen.
Mischen Sie zuerst alle Perlen in einer kleinen Schale. Dann fädeln Sie die Perlen ohne bestimmte Reihenfolge auf. Bei den kleinen Rocailles in Silber und Hellrosa sollen allerdings immer drei Rocailles hintereinander aufgefädelt werden. Lassen Sie zu Beginn und Ende der Stränge je 20 cm Draht stehen, bevor Sie mit dem Häkeln beginnen. Jeder Strang besteht aus 60 Maschen. In jede zweite Masche werden immer eine große Perle oder drei kleine Rocailles mit hineingehäkelt. Zuletzt legen Sie alle Stränge nebeneinander, verdrehen die Drahtenden und fädeln jeweils drei große schwarze Perlen auf. Biegen Sie nun die Enden zu Ösen und hängen Sie in eine Schlaufe den Verschluss ein, in die andere den Spaltring. Verdrehen Sie die Drahtenden hinter den Ösen erneut und führen Sie die Drähte durch die großen schwarzen Perlen zurück. Kneifen Sie die überstehenden Drahtenden ab.

Ohrringe

Stecken Sie die Perlen wie abgebildet auf den Kettelstift. Biegen Sie das Stiftende mit einer Zange zu einer Öse und hängen Sie den Ohrring an den Ohrhaken.

Länge

ca. 45 cm

Material

- 1 Rolle Draht in Dunkelblau, ø 0,5 mm
- 1 Dose Wachsperlen in Dunkelblau, ø 4 mm
- 1 Dose Wachsperlen in Dunkelblau, ø 6 mm
- 1 Dose Wachsperlen in Dunkelblau, ø 8 mm
- 1 Dose Rocailles in Silber, ø 2,6 mm
- 1 Dose Rocailles in Hellrosa, ø 2,6 mm
- 1 Dose Muschelscheiben in Violett, ø 8 mm
- 1 Dose Kokos-Linsen in Lila, ø 10 mm
- 1 Dose Glasperlen in Violett, ø 6 mm
- 1 Dose Glasstifte in Pink, 7 mm x 2 mm
- 6 Perlen in Matt-Schwarz, ø 12 mm
- 1 Spaltring in Silber, ø 9 mm
- 1 Karabiner-Verschluss in Gold
- Häkelnadel, Stärke 3

Größe

ca. 4,5 cm lang

Material (je Ohrring)

- Ohrhaken in Silber
- Kettelstift in Silber, 3,5 cm lang
- 2 Rocailles in Silber, ø 2,6 mm
- 1 Muschelscheibe in Violett, ø 8 mm
- 1 Glasperle in Violett, ø 6 mm
- 1 Kokos-Linse in Lila, ø 10 mm
- 1 Wachsperle in Dunkelblau, ø 6 mm

Kreation in Pink

Kette

Die Kette besteht aus vier Strängen. Für jeden Strang fädeln Sie fünfmal im Wechsel folgende Perlengruppe auf: eine Glasschliffperle, eine Rocaille in Violett und eine Rocaille in Blutstein.
Beginnen und beenden Sie jeden Strang mit 20 Luftmaschen und lassen Sie zu Beginn und Ende auf jeder Seite 10 cm Draht überstehen. Die Dreier-Perlengruppe wird immer zusammen in eine Masche gehäkelt. Als Abstand kommen zwischen die einzelnen Perlengruppen jeweils drei Luftmaschen.
Legen Sie die fertigen Perlenstränge nebeneinander und verdrehen Sie die Drahtenden an jeder Seite. Fädeln Sie nun auf jeden Drahtstrang acht Rocailles in Violett-Metallic auf. Anschließend formen Sie die Drähte zu Schlaufen. In eine Schlaufe hängen Sie den Verschluss mit ein. Dann verdrehen Sie die Enden erneut hinter der Schlaufe und schneiden den überstehenden Draht ab.

Länge

ca. 42 cm

Material

- 1 Rolle Draht in Pink, ø 0,45 mm
- 20 Glasschliffperlen in Pink, ø 6 mm
- 36 Rocailles in Violett-Metallic, ø 5 mm
- 20 Rocailles in Blutstein, ø 4 mm
- Karabiner-Verschluss in Altsilber, ø 2 cm
- Häkelnadel, Stärke 2,5